澳門康真君廟

Templo de Hong Chan Kuan
(Templo do Bazar) de Macau

澳門知識叢書

澳門康真君廟

黃文輝

三聯書店（香港）有限公司

澳門基金會

叢書整體設計　鍾文君

責任編輯　　　劉韻揚　李　斌

封面設計　　　道　轍

叢 書 名	澳門知識叢書
書 　 名	澳門康真君廟
作 　 者	黃文輝
聯合出版	三聯書店（香港）有限公司 香港北角英皇道 499 號北角工業大廈 20 樓 澳門基金會 澳門新馬路 61 - 75 號永光廣場 7 - 9 樓
香港發行	香港聯合書刊物流有限公司 香港新界荃灣德士古道 220-248 號 16 樓
版 　 次	2021 年 6 月香港第一版第一次印刷
規 　 格	特 32 開（120 mm × 203 mm）104 面
國際書號	ISBN 978-962-04-4822-5

© 2021 Joint Publishing (Hong Kong) Co., Ltd.

Published in Hong Kong

總序

對許多遊客來説，澳門很小，大半天時間可以走遍方圓不到三十平方公里的土地；對本地居民而言，澳門很大，住了幾十年也未能充分了解城市的歷史文化。其實，無論是匆匆而來、匆匆而去的旅客，還是"只緣身在此山中"的居民，要真正體會一個城市的風情、領略一個城市的神韻、捉摸一個城市的靈魂，都不是一件容易的事情。

澳門更是一個難以讀懂讀透的城市。彈丸之地，在相當長的時期裡是西學東傳、東學西漸的重要橋樑；方寸之土，從明朝中葉起吸引了無數飽學之士從中原和歐美遠道而來，流連忘返，甚至終老；蕞爾之地，一度是遠東最重要的貿易港口，"廣州諸舶口，最是澳門雄"，"十字門中擁異貨，蓮花座裡堆奇珍"；偏遠小城，也一直敞開胸懷，接納了來自天南海北的眾多移民，"華洋雜處無貴賤，有財無德亦敬恭"。鴉片戰爭後，歸於沉寂，成為世外桃源，默默無聞；近年來，由於快速的發展，"沒有什麼大不了的事"的澳門又再度引起世人的關注。

這樣一個城市，中西並存，繁雜多樣，歷史悠久，積澱深厚，本來就不容易閱讀和理解。更令人沮喪的是，眾多檔案文獻中，偏偏缺乏通俗易懂的讀本。近十多年雖有不少優秀論文專著面世，但多為學術性研究，而且相當部分亦非澳門本地作者所撰，一般讀者難以親近。

有感於此，澳門基金會在 2003 年 "非典" 時期動員組織澳門居民 "半天遊"（覽名勝古跡）之際，便有組織編寫一套本土歷史文化叢書之構思；2004年特區政府成立五周年慶祝活動中，又舊事重提，惜皆未能成事。兩年前，在一批有志於推動鄉土歷史文化教育工作者的大力協助下，"澳門知識叢書" 終於初定框架大綱並公開徵稿，得到眾多本土作者之熱烈響應，踴躍投稿，令人鼓舞。

出版之際，我們衷心感謝澳門歷史教育學會林發欽會長之辛勞，感謝各位作者的努力，感謝徵稿評委澳門中華教育會副會長劉羨冰女士、澳門大學教育學院單文經院長、澳門筆會副理事長湯梅笑女士、澳門歷史學會理事長陳樹榮先生和澳門理工學院公共行政高等學校婁勝華副教授以及特邀編輯劉森先生所付出的心血和寶貴時間。在組稿過程中，適逢香港聯合出版集團趙斌董事長訪澳，知悉他希望尋找澳門題材出版，乃一拍即合，成此聯合出版之舉。

澳門，猶如一艘在歷史長河中飄浮搖擺的小船，今天終於行駛至一個安全的港灣，“明珠海上傳星氣，白玉河邊看月光”；我們也有幸生活在 “月出濠開鏡，清光一海天” 的盛世，有機會去梳理這艘小船走過的航道和留下的足跡。更令人欣慰的是，“叢書” 的各位作者以滿腔的熱情、滿懷的愛心去描寫自己家園的一草一木、一磚一瓦，使得吾土吾鄉更具歷史文化之厚重，使得城市文脈更加有血有肉，使得風物人情更加可親可敬，使得樸實無華的澳門更加動感美麗。他們以實際行動告訴世人，“不同而和，和而不同” 的澳門無愧於世界文化遺產之美譽。有這麼一批熱愛家園、熱愛文化之士的默默耕耘，我們也可以自豪地宣示，澳門文化將薪火相傳，生生不息；歷史名城會永葆青春，充滿活力。

吳志良

二〇〇九年三月七日

目錄

導言

　　如果說宗教是社會的產物，那麼廟宇作為宗教具體化的象徵物，就更加是社會的產物。廟宇除了反映著世俗人對冥冥世間、茫茫天界的各種祈禱祝願外，更間接反映著某個群體在某段時期的社會生活變遷。這些變遷有思想信仰上的，有生活風俗上的，有政治經濟上的，也有藝術審美上的。總之，因為社會的主體是人，各種宗教生活變遷反映的，也必定是人的生活變遷。

　　澳門十月初五街康真君廟，俗稱康公廟，創建於咸豐十年（1860 年）。在澳門眾多廟宇中，從歷史源流、建築規模以至社會影響力來說，康公廟都不算突出，但因其坐落的內港地區乃 19 世紀中葉後澳門逐漸發展起來的繁華地帶，故作為區內地標建築，康公廟的創建發展及以其為中心的社區生活，從側面反映了晚清以來澳門華人社會的面貌。

　　廟宇的創建及其內供奉的神祇，是一地區居民
精神和物質生活的反映。康公廟內供奉的康真君、花
粉夫人，與晚清以來澳門福隆新街、十月初五街為中
心的風月、賭博事業息息相關；特殊行業催生出傳統
信仰內容的變奏和創新，可見民間信仰的靈活性與適
應性。

　　同時，康公廟保存了較為完整的創廟時期文物，
包括神像、祭壇、供器、儀仗、印板、案桌、楹聯、
匾額、大銅鐘、石碑等，既是研究康真君廟歷史的重
要參考，同時在廟方精心維護和翻新之下，又顯得金
光璨璨、美輪美奐，可以讓人欣賞到傳統木雕工藝的
精美細膩，具有重大的審美價值。

　　從當初地處碼頭前的繁華到今天靜處一角的悠
閒，康公廟見證著澳門內港地區社會、經濟的變遷。
康公廟門前，曾經聚集過熱鬧繁華的攤販市集，響
起過徹夜不眠的社戲鑼鼓，遊行過陣容鼎盛的聖像出
巡，奔走過別有善法的救火水車；康真君廟內，澳門
鄉紳祝禱過闔境平安，患病婦孺祈求過治病靈籤，花
街神女暗禱過花粉夫人。一間小小的廟宇，卻盛載著

澳門幾代人的歡樂、祈願與回憶。

希望透過文獻的搜集與整理，本書能為讀者提供一幅康真君廟發展的歷史圖像。如果本書能引發你進一步去認識澳門、認識澳門的宗教和文物，幸甚至哉！

火劫催生廟宇

　　19 世紀前期，今天的康真君廟位置還是澳門內港北灣的灘塗地帶，鄰近的關前街、草堆街、營地大街等街區則是華人聚居點和市集區。由於區內舖戶林立，華人又擅自搭建篷寮，"叢蓋如寨，蜂屯蟻聚"。逼仄惡劣的居住環境，草木搭建的房屋棚寮，造成火災頻仍；嘉慶二十三年（1818 年）四月初二晚的大火，更造成幾十家商民舖戶燒毀，財產損失數以十萬

康真君廟正立面

計。澳葡理事官除多次向香山官員請求協助拆除私搭篷寮外，亦出公告呼籲華人自行拆除，可惜屢拆屢建，徒勞無功。火患對生命財產的災難性影響，逼得以趙允菁為首的本地華人士紳亦忍不住聯名向香山縣丞稟求飾禁（予以制止），不過同樣遭遇陽奉陰違，私搭篷寮、違例僭建依然屢禁不止，火災隱患常存。

《澳門創建康真君廟喜捐工金碑記》

據《澳門創建康真君廟碑記》作者曾望顏記述，他曾於"甲寅秋"途經澳門，"見夫商賈之雲集，民物之蕃庶，殆感倍於前時。予即慮其地之奢靡過甚，不無隱憂也。逾年冬果迭遭回祿，市肆凌夷，為之惻然者。"曾望顏途經澳門是咸豐甲寅四年（1854年），兩年後即1856年的正月冬天，澳門發生了一場人命、財物損失慘重的火災。當時香港出版的中文雜誌《遐邇貫珍》（Chinese Serial）"一八五六年二月初一日第二號"記載了這件事：

正月初四日夜，澳門唐人舖內失火，旋即救滅。不謂初五晚祝融復降，唐人舖戶延燒殆盡，共計燒去一千三百間之多，燒死者不下百人。幸有西國兵船泊在澳濱，眾兵眾踴躍登岸，將火救滅。

施白蒂《澳門編年史》對這場火災有更詳細的描述：

（1月4日）下午1時45分，位於商業區內的一家中國商店起火，由於恰逢北風，火藉風勢迅速蔓延，演變成澳門有史以來最大火災。下午5時，風向轉為東南，大火又向桔仔街一帶撲去，晚上 6 時 30 分，風向又轉為偏北，商業街一帶即被大火吞噬，僅離火區較遠的板樟堂倖免於難。大火燃燒了整整一夜，燒毀了 420 家店舖和 400 間民房，損失達 50 萬澳門元。大火中，當地居民以各種方式協助滅火，尤其法國 "Virginie" 號和 "康斯坦丁"（Constantine）號上的水兵為撲滅大火做了很大的貢獻。

據掌故名家王文達分析，之所以造成如此重大損失，乃因 "是處既屬輪渡總匯，水陸交通要樞，故店舖漸多，篷帳櫛比，樓宇相望。奈因舊日建築都是木樓，每當風高物躁（按：應為燥）時節，常遭失火；更因當時救火設備簡陋，屢屢釀成燎原。" 經此慘重事故，居民自然憂心忡忡，思考解決之道。據《澳門創建康真君廟碑記》載，當時有風水先生建議蓋一座廟，希望藉神力之助來消災解難。古人多迷信，建一廟而能得平安，何樂而不為？所以人人贊成，踴躍捐款，並且選了新埗頭右側的沙灘，填土闢地，由丁巳即咸豐七年（1857 年）起建，歷經四年，於庚申即咸豐十年（1860 年）建成康真君廟，"中奉玉封道果康

華陀（佗）殿入口

真君，左奉敕封南海廣利洪聖大王，右奉敕封金聖西
山侯王。另左建偏殿，專奉漢代良醫華大仙佗先師"。

　　從廟內《澳門創建康真君廟碑記》、《澳門創建
康真君廟喜捐工金碑記》及楹聯匾額可知，康真君廟
的修建，得到中國官、商、民各方支持。官方面，有
署前山軍民府、署香山縣左堂、前山營等等，此可見

廟內匾額記載創廟的年份及值事名單

其時雖澳葡政府已在澳內實行殖民擴張及全面管治，但華人商民依然與香山縣政府保持緊密聯繫。商方面就更多，包括洋貨行、鋁錫行東西家、綢緞行、山貨蓆包行、關前街眾舖戶等等商號。民方面，除個人外，還包括石閘門街眾信以至福建眾信士；另外，依《澳門創建康真君廟喜捐工金碑記》上的"香港緣部捐工金芳名"及"汕頭緣部捐工金芳名"記載，香港、汕頭的信眾亦有份捐助康真君廟的修建。

至於為什麼供奉康真君，眾說紛紜。有說因為咸豐初年，"廣東發生水災，西江滾滾，曾將木頭神像一具，漂流至澳。瀕海居民，有認識此迺康真君神像者，遂檢起而奉諸今廟址之大榕樹下，迷信者竟向之膜拜焉。因祈禱者眾，必有巧合靈驗者，於是香火遂得繁盛起來。"又有說是因為"該廟當興建時，以曾發現斷碑，有一個康字，故認為康真君，因此乃奉祀康真君"。無論如何解釋，澳門望廈村也早在乾隆五十七年（1792 年）建有康真君廟，故居民對康真君信仰並不陌生。

曾望顏與康真君廟

在康真君廟落成八年後的同治七年（1868 年），值理們請途經澳門的香山人曾望顏撰寫《澳門創建康真君廟碑記》。曾望顏與澳門頗有淵源。有說法認為他出生於澳門望廈村，但據碑記，曾望顏只說 "少時嘗從先大夫遊學於茲"，說明他只曾在澳門居住、學習過一段時期。他於道光二年（1822 年）中進士，之後就一直在外為官；到咸豐四年（1854 年）"入都以五品京堂授通政司參議"，經澳門入京。咸豐十一年（1861 年），他被免職命回原籍，至同治四年（1865 年）才被復用。同治七年（1868 年）時，他剛好回鄉度假，被澳中鄉紳請來寫下這塊碑記。他之前於咸豐八年（1858 年）也曾替望廈的普濟禪院題寫《重修普濟禪院碑誌》，該碑至今仍存寺中。在《澳門創建康真君廟碑記》裡，曾望顏自稱 "京閩（閩）秦蜀使者"，那是因為他曾在北京（京）、福建（閩）、陝西（秦）以及四川（蜀）任官的緣故。

康公廟水車館

康公廟的創建緣於一場澳門史無前例的大火災，居民希望藉神靈庇祐消災解難。沒想到後來康公廟被用作存放消防水車的地方，稱為"康公廟水車館"。澳門雖然很早開埠，但直至1883年才制定首個消防局規章，早期的消防工作主要由葡萄牙駐澳軍人以及居民自己負責。1858年，政府規定由裝卸工、搬運工組成的苦力

舊式救火水車（澳門消防博物館展品）

公司在火警發生時，均有義務參加救火的工作，並且能得到稅務優惠。康真君廟的水車館不知具體於何時起設立，但1879年11月1日《澳門憲報》上的一份水車單載有"泗猛街水車"，雖然未必就是指康真君廟的水車，卻可知其時該區已有水車設備。首次明確

指出康公廟水車館的是《澳門憲報》1909 年 12 月 25 日一則由 "大西洋澳門督理救火局事務美（A. P. de Miranda Guedes）" 發出的通告：

一、查澳門華人之水車館散在各坊，一向至今所做大善舉，皆是益公眾而損私利，保護貨物，救止火災，常時如此好善之心，實堪嘉悦。

二、查現時則不需矣，蓋其極不方便，一坊有警而散處各坊之車紛紛馳集。為此，兹特通告各水車館知悉：自通告之後，各水車各保各坊，本坊之車祇准赴救本坊之火，別坊有警，不須赴援。惟康公廟水車館一所，不在禁止之內，因其別有善法，乃有可以任赴各坊救火之權。

澳門華人的水車館存在已久，且對當時消防救火工作貢獻良多。康公廟水車館的救火隊比別坊救火隊更有辦法去支援別處火警，因此得到 "任赴各坊救火之權"。至於所謂的 "善法" 是什麼，已無從查考。事實上，康公廟水車館是當時三個消防站之一，屬二號消防站，直到 1915 年才遷往他處。

康公廟義學

康公廟曾辦 "康公廟義學"，收容失學兒童，為澳門早期的教育事業做出貢獻。

1937 年抗日戰爭全面爆發後，大量難民從廣東一帶湧入澳門，使澳門人口急速上升。大量人口的增加，除了帶來各種民生問題外，亦使難民兒童的失學問題惹人關注。有見及此，許多社團及廟宇紛紛舉辦義學，向難民兒童提供免費的基本教育。康公廟義學就是在那時開辦的。

康公廟義學的辦學資金來自廟產得來的租金，以康公廟值理會的名義主辦。據 1959 年出版的《澳門工商年鑑》記載，義學校址設在木橋橫街四號三樓，緊貼著康真君廟的背後。其時義學有學生 190 人，由值理會主席姚滿任校長，鄧綺梅任教務主任，另有教員 5 人。1961 年的年鑑，更載明康公廟義學小學部有學生 119 人，幼稚園學生則有 30 人，合共 149 人。可見康公廟義學有一定的規模。

筆者未能查到康公廟義學停辦的日期。在 1971

年出版的《第十一回澳門工商年鑑》上，我們尚可以見到康公廟義學的記載；但到了 1978 年出版的《第十三回澳門工商年鑑》，已無相關記載。所以，康公廟義學大約於上世紀七十年代中期停辦，結束了它對澳門教育近四十年的貢獻。

康真君廟維修

　　根據廟中匾聯文物所見，康真君廟自建成後並未進行過重大修葺工程，廟貌基本保持原狀。廟內中亭現掛著一塊同治九年（1870 年）的"道洽南邦"匾，下款是"奠土值事"敬酬，可能後來又有其他小型的加建工程。廟中最大的改變，應是民國三十八年（1949 年）時，由當年值理重修廟內神樓、供桌、香爐，並增設"五通聖殿"、"和合仙殿"於正殿。至於華佗（廟內書為"華陀"，後文統一作"華佗"）殿內的觀音大士殿等，則未知何時所設。

　　1984 年時，根據澳門文物保護法令第 56/84/M

號，十月初五街康真君廟被評為受保護的紀念物。
1991 年至 1992 年，文化局文化財產廳對康真君廟進
行第一次測繪，並且作了基本的維護工程。到 2001
年，文化局分兩期對康真君廟進行大規模修復工程；
又在多方協調下，拆去原在廟門左右的構築物，使整
座康真君廟重現原貌。

　　到 2002 年，康真君廟得值理會及善信捐款支
持，重修神像金身，令剛修復過的康真君廟更加美輪
美奐，金光燦燦。

澳門內港填海

康公廟創建時，正是澳葡政府開始在內港北灣開展填海工程的時期。廟內現存"廟地界址圖"碑，說明創建時的廟界範圍。根據該圖，康真君廟是"坐辰向戌兼巽乾"，即坐東南向西北。除廟本身所在地外，廟後尚有一屋緊連；廟前地方則註明"此地直至

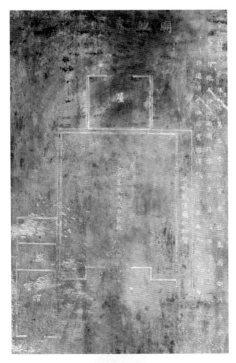

康公廟"廟地界址圖"

海旁連石級俱係廟銀填築"，此為康公廟位置原是北灣灘塗經填海而成的歷史證據，其海旁石級當是碼頭供客人上落之用。

　　曾金蓮的研究指出，澳葡政府於 19 世紀 50 至 70 年代起填築媽閣廟前地、下環街、白眼塘、康公廟前的海面；康公廟前的填海工程完成於 1867 年 7 月前，到 1869 年開闢出海邊新街、皇家新街、新埠頭街和康公廟前地等街道空間。皇家新街（Rua Nova de El-Rei）又稱泗𠽌街，葡國首都里斯本過去也有條

二十世紀初康公廟外貌的明信片（利冠棉先生私人收藏）

"新街"（Rua Nova，後改稱皇家新街），是條重要的商業大道，與其他街道一同構成一個亞洲商品中心。澳門皇家新街的命名，可能因其與里斯本那個街區同是繁盛商業區之故。葡萄牙於 1910 年 10 月 5 日發生革命，建立共和政制，澳葡當局於是將最繁盛的皇家新街（泗喕街）改名 Rua de Cinco de Outubro（10 月 5 日街）做紀念，華人將其以農曆譯為"十月初五街"，至今仍存。康公廟正位於十月初五街與草堆街交界處。

十月初五日街舊稱泗喕街

最繁盛墟集

　　康公廟前地是當年澳門最繁盛的墟集之一，而十月初五街則是商業中心。王文達介紹："抗戰前澳中雖已有新馬路，惟當時資本雄厚，生意較大之商店，皆集中於十月初五街。因其接近輪渡碼頭，往來中山利便，而鄰近各鄉之貨客，來澳者均就近採辦貨物，是以其商務遠較新馬路為繁盛也。迨至中山各鄉淪陷於日寇後，各鄉交通不便，致使該街之行商店，或零落凋蔽，或遷徙別處，昔日之繁盛地位，遂被新馬路取而代之耳。"另一位掌故作者魯俠亦謂"在戰前草堆街與十月初五街，均屬商業中心區，商業之興盛，且比新馬路為勝，……而十月初五街，泗喃街，當時以雜貨海味油糖等店號，佔其主要，而亦最多鄉人光顧，因此中海味雜貨白糖等，帶返內地，亦利潤極高，故此幾條街道，日常均極擠擁熱鬧之至，一般男女鄉民，肩挑背負，往來絡繹，且經常皆如是，故其時新馬路之商業，反不及該兩街之熱鬧"。

　　澳門資深報人唐思先生回憶說："我記得四五十

年前，入夜後這裡（康公廟前地）仍是江湖賣藝場地，有賣武、占卦、棋檔，也有賣狗肉及其他小食檔，採用大光燈或火水燈照明，不少人到來趁熱鬧。」在當年娛樂節目不多的環境中，康公廟前地為澳門普羅市民提供了最豐富的遊樂玩意。《鏡海叢報》1895 年的一則消息可以說明該處的繁榮程度：「康公廟前大堂地，向准貧民擺列攤具，售賣食物。惟是近日愈擺愈多，縱橫羅列，幾塞行道。」攤販之所以愈開愈多，自然是因為該處人流眾多，有生意可做才去的。

碼頭與舖票

康公廟前地之所以如斯繁榮，乃是因為它是碼頭所在，客、貨皆在此上落，人流自然摩肩接踵。康公廟前地的碼頭是當年進出澳門的主要口岸。1894年，香港爆發鼠疫，6 月 2 日《澳門憲報》登出一項澳督札諭，要求全澳做好預防工作，其中第一款就列明："所有桅船及搖櫓各船艘，如係日間駛入澳門埠，抑或下椗，有貨物搭客登岸者，祇准在南灣上魚馬頭埕岸，若在內河，惟准在康公廟前，即美基街前馬頭埕岸。"接著的 6 月 23 日，《澳門憲報》上又有一則澳督札諭，謂"現有華商前來稟稱，所有夜晚不准登岸進澳之禁，於生意殊多虧折等情。⋯⋯是以准將康公廟前地即美基街前馬頭展至夜十點鐘止"。可見康公廟前地碼頭是澳門內港客貨運進出的津要之地，直接影響著澳門市面經濟的繁榮。

因為康公廟前地是個群眾聚集最多的公共地方，所以非但各式攤販及三教九流的賣藝者喜歡在這裡擺檔，就連當時的"鋪（舖）票"賭博，也指定康公廟前地為開票場所。1906 年第 28 號《澳門憲報》刊載了澳門、氹仔、路灣籤舖票生意章程，列明"承充人應擇一空闊眾地，在華人神廟之前，如康公廟或媽閣廟，以為每次開票之所，俾開票之時，所有眾人皆得觀看，以昭大公。"據曾居澳門的香港掌故名家魯金介紹，舖票公司選擇在此開票，乃"為了表示公正無私，向公眾宣佈在康公廟前開彩。有神監察，如不公正，定受到康公的懲罰。同時，開彩時用卜杯珓的方法開彩，表示是由康公神力令到杯珓對某一個開彩的字給予更多的‘勝杯’。”此種以神靈作見證的民間習俗，使得康公廟前地具備了相當程度的公共性，連官方也不得不予以認可。舖票開彩的地方，就在對正康公廟的一個四方高台亭上，“開彩時，在亭子公開擲杯珓，將票上‘首會發其祥……’一百二十個字，以杯珓俯仰，逐字取捨，最後定十二個字入選。每逢開彩，都吸引不少人觀看。”

康公誕盛況

作為寺廟的延伸部分，康公廟前地自然少不了各種各樣的宗教活動。其中最熱鬧又最叫人難忘的當是每年農曆七月初七，因當日既是康公誕辰，又是傳統的乞巧節（七姐誕）。一則 1895 年的《鏡海叢報》記載了當年的盛況：

初六晚，為黃姑會合之期，澳中各富家多具果酒陳列庭前，乞天孫之巧。福隆新街各妓寮亦多在門前結彩張燈，作穿針之盛會。是時康公廟前高建醮棚，遍懸彩結，像生人物。別有八音班一台，以笙簫娛眾志。

澳門掌故作者魯俠記載："每逢乞巧節，適為康真君誕，因此康公廟極為熱鬧，廟前大地，例蓋搭十餘丈高之大醮棚，設壇建醮。而另在該廟對開海濱，蓋搭大戲棚，開演巨型班，其時醮棚內陳飾極華麗，玻璃燈色，綢衣公仔，鮮花盆景，八音演唱，應有盡有，而高度逾丈之五彩大錫香案，亦陳列壇前，極為偉麗。" 1930 年代初由鄉下到澳門謀生，一直住在廟公廟附近的詹佳先生亦回憶道，以前每逢康公誕，康公廟前地例必搭棚演神功戲，由康公廟值理會募款籌辦，邀請省港名班演出，一連幾日，成為年中盛事。戲台都搭得正對著廟門，因為要讓廟內的各路神仙也能看到。平日用來開舖票的亭子，演神功戲期間就臨時改作化妝間用。戲台下正中空著留出一條通道，觀眾可站在那裡免費看戲；通道兩旁設座位，但那是要用錢買的。大戲有日場、有夜場，甚至有 "天光戲"，據說是專做給廟內神仙、菩薩看的。康公誕期間，除演神功戲外，據佳叔說，還有免費的木偶戲看。最特別的是花卉盆栽展覽，就在前地兩旁展出，省城各處奇花異卉雲集，造型千姿百態，把節日的康公廟前地打扮得萬紫千紅，鮮艷亮麗。

康公誕的高潮就是抬康真君像巡遊。佳叔回憶說，巡遊沒有固定路線，主要是依當年廟中值理的住

據說是當年康公出巡用的鑾輿

處而定。當年要想做值理也不容易，除了要擲聖杯問神明挑出名單外，還得捐錢支持廟中各項開支，所以值理多由附近的舖戶、欄商擔任。隨康真君像出巡的有一隊"鏡架隊"，這些鏡架類似今天的聘任狀或榮譽證書，鏡面上寫著某人名字，以證明他是當年值理。出巡時，一面鏡架由兩個人抬著，一對一對的，跟在神像後面，挨家挨戶地按值理住處送上。送完值理鏡子，返回康真君廟，巡遊也就結束。康真君像出巡的陣勢也不簡單，巡遊隊伍以兩面大雲鑼鳴鑼開道，高舉"肅靜"、"迴避"牌，在各種八音樂器伴奏之下，康真君神像被四個大漢抬著，後面就是主事人及那一隊鏡架隊了。一路上，吹吹打打，浩浩蕩蕩。在當時淳樸而寧靜的市民生活中，這實在是一場熱鬧的盛事了。

然而，隨著澳門商業中心由十月初五街轉向新馬路以及社會大眾娛樂模式的變換，康公廟前地的繁華亦煙消雲散，昔日攤檔小販的吆喝叫賣、康真君像出巡的鑼鼓八音、神功戲的粵曲妙韻，只依稀地迴響在歷史的天空上。

2000 年底，特區政府民政總署（現市政署）開展康公廟前地重整工程，經過三個月的改頭換面，將之開闢成一個市民休憩區。今日的康公廟前地已成為市民休憩的好去處，百年前的熱鬧繁囂已被悠閒寧靜所取代。

康真君廟神祇

敕封西山金聖侯
王封道眼無偏康大真君
敕封南海靡利弘聖昭明龍王
漢代良醫華大先師

康真君

　　康真君廟供奉的康真君又稱康公、康元帥、康公帥。他是珠江三角洲一帶頗為流行的神祇，番禺、順德、佛山、中山等地都有康公廟或康公崇拜。澳門有兩個康真君廟，一個是位於十月初五街的這一間，另一個則位於望廈普濟禪院旁，始建於乾隆五十七年（1792 年），比前者早逾半個世紀。

康真君像

　　雖然康公信仰流行於珠三角，但對於這位康公的身份及出處，不同的地方卻有不同的傳説。澳門一般説法認為康公即漢代元帥李烈，或有人説是"泥馬渡康王"裡的康王。佛山南海里水鎮河村鄉的主帥廟（又名康公廟）卻謂"相傳康公為北宋戰將，與契丹作戰陣亡，其後人南遷珠江三角洲，託京官奏陳康公戰績，詔准建廟"。這裡説的應是"康王神"，即北宋康保裔的事蹟。《鎮江府志》云："神姓康名保裔，洛陽人。父仕周，以戰功為東州〔班〕押班。父死，宋太祖以保裔代之。後與契丹戰，死之。真宗贈侍中。已而靈跡顯著於信之弋陽。熙寧中封英顯侯。慶元間封為威濟善利孚應英烈王，祠在城隍廟西廡。"而《廣東地方神祇》中載，順德杏壇鎮的"康公古廟"傳説康公得道前是個劫富濟貧的大賊，有次因行劫失手而被官兵追殺，到一河邊時，幸得一隻巨鴨將其馱過對岸，逃過大難。康公為報鴨子救命之恩，誓言永不宰鴨吃鴨。至今順德康公廟中仍有此禁，澳門康公廟亦然。又有一説謂康元帥叫康席，原為西安府黑公林的妖怪，"在仁聖興妖作怪，殺人越貨。後被妙樂天尊降服，玉帝封其為‘仁聖康元帥’，手執金斧，助真武降魔。”

可見同一位叫康公的神靈，不同地方有不同的傳說。

廟內楹聯暗示康公的淵源

　　筆者認為澳門這位康真君應是道教傳說中 "東嶽十太保" 之一的康元帥，即民間信仰中泰山神東嶽大帝的手下。東嶽大帝被認為是陰間的最高統治者，手下有無數陰兵陰將助其管治，康元帥即為其中一位陰將。據《三教源流搜神大全》卷五載，康元帥生於黃河地區，父名康衢，母金氏，其本身名字反不被人知。他 "生而慈惠，不傷胎，不折夭，不虐孤寡，不履生氣，雖虼頑蠢動而蟲蟻者不輕殺焉"。康元帥非但生性仁慈，而且能為鄉鄰治病，受到各方稱讚，"謂之能仁"；就連天帝也聽到康元帥仁義的名聲，於是封他為 "仁聖元帥"，"以掌四方郡社令焉"。今澳門望廈康真君廟內有一副刻於光緒元年（1875 年）的對聯，云："慈祥本性成不妖天不殺胎僊佛焉耳矣，名位皆天授曰能仁曰至聖將帥云乎哉。" 此聯顯然本自《三教源流搜神大全》對康元帥的描述。可以相信，與望廈康真君廟相隔六十多年創建的十月初五街康真君廟，其康真君的 "身份" 應會跟同處澳門的前一個康真君一樣。事實上，望廈康真君廟康真君的道號標著 "玉封道果無漏康帥大真君"，而十月初五街康真君廟的則是"玉封道果無漏康真君",顯見供奉的是同一位神靈。據十月初五街康真君廟廟祝盧先生介紹,"玉封"的意思就是說康元帥乃由玉皇大帝所封,與由民間皇帝的"敕封"不同。

此外,《三教源流搜神大全》又記載一個故事,說有隻小鶴雛被隼所傷,翅膀折斷而跌倒地上,幸得康公救起餵飼照顧,而那隻鶴鳥後來就銜來長生草給他以報救命之恩。今十月初五街康真君廟大殿正中有一副建廟時刻的木聯,其上聯云:"惠雨被群生豈獨官衙曾活鳥","曾活鳥"三字,說的應是這個故事。

馬書田《中國冥界諸神》中引《中華全國風俗志》,謂廣東一帶以農曆七月初六日為康元帥誕日,又謂南海縣之沙頭有慶祝活動,並且有所謂"主帥會"以籌措慶祝敬神用的資金。澳門的康公誕為農曆七月初七,據廟中碑匾文物顯示,過往居民曾有多次建醮演戲的慶祝活動。

姑勿論康公的身份是哪個,有意思的是,在澳門特殊的背景下,康公竟然成為當年福隆新街一帶妓寨中妓女最信奉的神祇。據魯金記載,澳門妓女崇祀康公，係因某妓院事頭婆因事被恩客鬼魂糾纏，經拜祭康公後始得安寧。此事在各妓寨中不脛而走，於是其他妓女紛紛前來求康公庇佑。魯金又謂 1929 年霍亂流行，為怕澳中妓女受傳染，福隆新街附近四街全體妓院合資請康公出遊，各妓院都在門前設香案膜拜，康公的鑾輿經過即燒香點燭，各妓女及上下人等均叩拜求神保佑。自此之後，澳門的妓女便全部信奉康公。此記載是否可信無從稽考，然而澳門妓女祀拜康公卻是事實。澳門另一掌故名家魯俠亦記載，"昔年花事興盛時代，每逢康公誕日，一般花國紅姬，均紛紛捐出香資，多則一千數百元，少亦數十金，而廟中主事者，則為製鏡架，用紅箋書出 '×× 街 ×× 號 ×× 校書捐香資 ×× 元'字樣，在醮壇前，另搭一棚座懸出，每覺琳瑯滿目，遍懸四周，而建醮完畢，則以鼓樂綵亭將鏡架按址送往各妓寨，而鶯燕輩則藉此大出風頭"云云。

此是抗戰前的澳門花國情況，隨著澳門社會經濟轉型，康公誕的盛況不再，澳門妓女與康公信仰之間的關係亦早為人遺忘。

大門

洪聖大王

洪聖大土是我國南方漁民廣泛信仰的海神，供奉的廟宇中尤以廣州南海神廟（又稱波羅廟）最為著名。

《太平御覽》引《太公金匱》，謂 “南海之神曰祝融”。祝融本是中國民間信仰的火神，之所以變成海神，屈大均《廣東新語‧神語》解釋道：“南海之帝實祝融。祝融，火帝也；帝於南嶽，又帝於南海者。……司火而兼司水，蓋天地之道，火之本在水，水足於中，而後火生於外。火非水無以為命，水非火無以為性，水與火分而不分，故祝融兼為水火之帝也。”

不管火神祝融因何成為海神，廣州為古代對外海上貿易的重要港口，所以廣州的南海神廟受到歷朝皇帝重視，不斷對其加封卻是事實。唐玄宗首於天寶十年封其為 “廣利公”；宋仁宗時，先後封其為 “南海洪聖廣利王” 及 “南海昭順洪聖廣利王”；元朝至元十三年，則被封為 “廣利靈孚王”；直到明太祖朱元璋，宣佈取消前代所有封號，只稱 “南海之神”。至

洪聖大王祭壇

今民間一般稱其為"廣利王"或"洪聖王"。

廣東沿海地區多有洪聖王廟，香港也有多間廟宇供奉洪聖王。澳門望廈城隍廟、路環九澳村的三聖廟及黑沙的大王廟亦供奉洪聖王。

西山侯王

侯王信仰在澳門並不普遍，鄰埠的香港則有十所侯王廟，每年更舉行盛大的侯王誕慶祝。

侯王是一位地方神祇，其身份一直未有定論。香港流行的說法認為侯王是宋帝昺的舅父楊亮節，護送宋帝昺逃避元兵追捕，至今香港九龍城一帶，然終因兵敗而死。而廣東台山、開平一帶有"走侯王"活動，其侯王卻是指漢高祖所封曲逆侯陳平。每逢瘟疫流行，人們便把侯王神像請出巡遊，以驅邪保境。

澳門康公廟則有本簡化字的《西山感應金聖侯王靈籤》複印本，"追記"部分謂"西山金聖侯王，前生本是南宋末年將軍，後落難於中山三鄉西山白石，後敕封為西山金聖侯王，數百載後，在當地顯聖佑

西山侯王祭壇

民，百姓深感恩，建廟傳世。每年八月初七日，為侯王寶誕。”該複印本除籤文內容外，前有“西山金聖侯王初到歷史”，謂白石村“西山金聖侯王廟”興築於明宣德十年（1435 年）。從地緣來看，澳門的侯王信仰有可能源於該處。

三眼華光與五通神

康真君廟內有“五通聖殿”，供奉“五顯靈通華光大帝”及“五群真”，據殿旁木刻所記，是 1949 年由姚芬、姚滿等善信所立。

所謂“五通”，係“五顯靈通”的簡稱，即“五顯靈通華光大帝”。華光大帝是港澳民間熟知的神靈，以“三眼華光”著稱，康真君廟內的華光大帝正是三眼形像。這位華光大帝正式名稱應是靈官馬元帥，又叫“三眼靈光”、“三眼靈耀”、“華光天王”等等。《三教搜神源流大全》中有其傳記。據介紹，這位馬元帥原係如來佛身邊的至妙吉祥，因犯事而被

五通聖殿

罰下凡。這位馬元帥天生異稟，生下就有三隻眼，而且法力高超、神通廣大。《三教搜神源流大全》就記載了他殺東海龍王、降烏龍大王、斬揚子江龍、大鬧龍宮，以至入鬼洞、戰哪吒，甚至與齊天大聖大打出手的故事，總之這位靈官馬元帥可謂集哪吒與齊天大聖本領於一身。不過，中國南方多視華光為火神。道教定陰曆九月廿八日為馬元帥神誕，然而他八月初一那天就開始下凡；如果八月初一下雨，就預示那年少火災。所以八、九月期間就得打"華光醮"，以祈求華光庇佑，免招火災。

不過，康真君廟裡的華光大帝卻被當成財神供奉。華光由火神轉成財神，出於明代小說《五顯靈官大帝華光天王傳》（亦名《南遊記》），內容主要根據《三教搜神源流大全》寫成。小說最後有一段寫道："（玉帝）加封華光為玉封佛中上善（五）顯頭（靈）官大帝。……華光永鎮中界，萬民求男生男，求女生女，買賣一本萬利，讀書者金榜標名，感顯應驗。用受祭享。"由是，五顯靈官華光大帝又兼職財神了。

至於"五群真"，據廟祝介紹，係張道寧天師手下，未知出自何處。筆者懷疑"五群真"應是"五通神"。一來現在五通聖殿主要供奉的是"五顯靈通華光大帝"，但其正式名稱應為"五顯靈官華光大帝"；二來五通亦係民間財神之一；三來澳門其他寺廟亦有五通神之崇拜。

據馬書田《中國冥界諸神》，五通神算不上神仙，而是山精野怪的總稱；"五"也不是實數，不過用來泛指其多。其信仰源自古代傳說中一種名叫方良的惡鬼，又叫罔閬、魍魎，是危害屍體或亡魂的鬼怪。它人面猴身，"仿人聲而迷惑人也"，後來又跟山魈、狒狒、猿精之類"性淫"的鬼怪傳說混在一起。故五通最早是以淫邪鬼怪的形象出現的。據研究，五通信仰始於唐代，宋代尤為昌盛，至元、明、清而不止，以江浙一帶最為流行。

五通由邪惡的鬼怪演變成民間財神，乃由於其有使人乍富的本領。宋人洪邁《夷堅志》中記載了多則五通神使人乍富乍貧的傳說。像《夷堅丁志》卷一三"孔勞蟲"條就記載了五通向一個祀奉它的劉五，"金銀錢帛，餉不知數。"後來劉五因下棋小事而觸怒五

通，"明日，劉訪篋中，所蓄無一存。"又《夷堅支
志》癸卷三"獨腳五通"條載有吳十郎者，"才數歲，
資業頓起，殆且巨萬。里人莫不致疑"，後來據吳大
郎透露，乃因其奉祀"獨腳五通"，"凌晨起，見緡紙
充塞，逐日以多，遂營建華屋。方徙居之夕，堂中得
錢龍兩條，滿腹皆金。自後廣置田地。"可見五通有
使人暴發的本領。不過，可能五通始終是淫邪鬼怪，
其行事詭異，且其使人致富，無非想人祭祀；稍有不
順其意，動輒撤去所贈財物。即使是祭祀方式，也充
滿著淫邪。據上述"獨腳五通"條載，"吳創神祠於
家，值時節及月朔日，必盛具奠祭，殺雙牛、雙豬、
雙犬，並毛血糞穢，悉陳列於前。以三更行禮，不設
燈燭。率家人拜禱訖，不論男女長幼，皆裸身暗坐，
錯陳無別，逾時而退。"雖然上述記載或屬無稽，不
過五通顯非正神卻是肯定的。

　　康真君廟五通聖殿裡供奉的是不是五通神無關宏
旨，反正善信只求平安富貴而已。值得一提的是，澳
門呂祖仙院裡有五通聖佛的牌位，且有一塊民國十八
年（1929年）善信送的木匾，上書"神靈呔舟旋梓

里”，旁有該善信記云：“余向經營於外，十有餘年。因商務羈身，未暇回唐。余家人聞說五通佛顯赫，有挽造化之危。余家人誠心到廟轉五通大運，並寫神信乙封。冬月幸賴平安抵步，舉家得以團敍。無以為酹，特書敬字各（額）扁（匾）乙幅以表微誠。”可見五通信仰在澳門有一定的普遍性，而且更有“轉五通大運”的崇拜儀式。

和合二仙

康真君廟有“和合仙殿”，供奉和合二仙和七仙女，與“五通聖殿”同時設立。

和合二仙是中國民間常見的喜神，其形象大都是蓬頭笑面童子兩人，一人手執荷花，一人手捧圓盒，取其荷（和）、盒（合）諧音以寓和合美滿之意，是家庭和睦、婚姻幸福的保護神。

和合二仙信仰源自唐代僧人萬回。傳說這位萬回神僧俗姓張，出生後就癡癡呆呆的，家人都把他當作

和合二仙和七仙女

豬狗般來養。他有個哥哥，在萬里之外的遼東當兵，音訊全無，父母以為他已死了，終日以淚洗面。他見到父母如此憂傷，就叫父母準備乾糧、衣物，說自己要去探哥哥。某天，他早上帶著預備好的東西出發，晚上就回到家裡，告訴父母說哥哥無恙，還帶回一封信，竟然真是他哥哥的筆跡。全家人為此驚異不已。由於他能一日之內來回萬里，所以人們稱之為「萬回」。據傳萬回是西方菩薩謫來凡間，唐代上至宮廷、下至民間都有供奉，俗稱萬回哥哥，後來也被稱為「和合之神」。

到了清代，人們覺得和合之神應為兩人，於是雍正十一年就另封唐代兩位詩僧寒山、拾得為和合二聖。此後，「和合之神」就由一人的萬回演變成二人的寒山、拾得，人稱和合二仙。

寒山與拾得都是唐代著名詩僧，兩人非常要好。拾得在廚房做雜役，常把剩飯裝在竹筒裡送給寒山吃，可見兩人感情匪淺。唐代詩風昌盛，上至帝王將相、下至平民百姓，都好吟詩作對，連和尚、道士都不例外。寒山與拾得就是其中的佼佼者。兩人經常吟詩作偈，互相唱和。後人將寒山的詩編成《寒山子詩集》，篇末亦附上拾得的詩。唐代張繼名詩《楓橋夜泊》："月落烏啼霜滿天，江楓漁火對愁眠。姑蘇城外寒山寺，夜半鐘聲到客船。" 那寒山寺，就是因為相傳寒山曾居其內而命名的。

為什麼寒山、拾得這兩位好友會被視為和合二仙呢？據民間傳說，寒山、拾得本來住在同一條村，而且情如手足。不幸的是，兩人同時愛上了同一位姑娘，卻互不知情。等到拾得準備結婚了，寒山才知道原來好友未來的妻子正是自己的意中人，傷心之下，到蘇州楓橋削髮為僧。拾得知道好友出家的原委後，不顧未來妻子，跑去楓橋找寒山，而且折了枝荷花作見面禮。寒山見拾得來到，歡喜之下，竟捧著飯盒迎了出去。好友重逢，歡喜非常，二人決定從此永不分開，並創立寒山寺。今寒山寺有寒山、拾得的石刻，還供奉二人的塑像，一人持荷，一人捧盒，暗寓 "和合"。另外，又有傳說謂寒山、拾得是文殊、普賢兩位菩薩轉世。

七仙女

康真君廟裡的七仙女是七位盛裝打扮的少婦，與仙女之名實頗不合。

七仙女即廣東民間的七姐，其原型就是我國家喻戶曉的牛郎織女故事。牛郎織女每年於七月初七重聚，稱為"七夕"，廣府稱為"七姐誕"，是我國民間一個重要的傳統節日。不過，廣府地區的七姐傳說與傳統的牛郎織女有少許不同。據香港出版的《認識中國傳統節日和風俗》一書，七姐誕的起源可追溯到東周時期。"傳説玉皇大帝有七個女兒，大的六個都沒有結婚，最幼的一個因為善於做紡織工作，所以稱之為織女。玉帝曾讓她嫁給銀河另一邊的牛郎，但織女在婚後荒廢了紡織工作，玉帝大怒，下令只准她在每年的七月七日和牛郎相見。每年的那一天，喜鵲會搭成鵲橋，讓牛郎、織女渡河相會。"相較傳統那個恩愛夫妻慘遭王母娘娘拆散、牛郎攜子上天尋妻的淒怨故事，這個"新編"七姐故事的喜劇色彩要濃多了。原來牛郎、織女的分離不是因為違抗天條，乃是因為織女耽於愛情，疏懶工作而受罰！這實在是個別開生面的織女形象。

此外，"七姐誕" 也曾是廣州未婚女子最重要的節日。她們甚至自發組織 "拜七姐會"，早早地預備拜七姐的各項活動，熱鬧非凡。至於只得　人的織女如何演變成七姐，再如何演變成七位仙女，就不得而知了。

康真君廟裡的七仙女倒與我國南方和台灣一帶流行的七娘媽形像頗相似，而且都是出自牛郎織女故事。七娘媽又叫七娘夫人、七星媽、七星夫人，其形像都是七位端莊溫柔的婦女。這七位娘媽是小孩健康的保護神，每逢小孩染病，父母就到七娘廟為孩子祈福庇祐。此外，這七娘媽還是月老的助手，每年七月初七過後，就要將世間未婚男女造冊，送給月老去配姻緣。

其實，不管七仙女是七姐還是七娘媽，都是我國民間對美好婚姻以及孩童安康的願望寄託。民間以七月初七的 "七夕" 為中國的情人節，未婚女子拜七姐是對美滿婚姻熱切盼望的反映。七月初七之於康真君

廟，則不僅是七夕，同時也是康公誕，因而具有雙重
意義。康真君廟的康公誕活動可參見第二章"康公廟
前地"的介紹。

白無常

康真君廟"和合仙殿"下有一尊很有趣的塑像：
童子形象，身穿白衣，左手執葵扇，右手曲起執著木
棒。據廟祝介紹，此乃地方財神，其衣著原是披蔴戴
孝，如今沒替其"穿"上而已。中國傳統財神形象都
是錦衣華服的，怎麼卻出了個披蔴戴孝的呢？

其實，這應是中國民間傳說中"一見生財"的白
無常。

無常是閻王的鬼差，負責勾魂攝魄，生人見之
預示死期已至。其形象大都是頭戴高帽，長髮披肩，
口吐長舌，面貌猙獰。無常一般有兩個，因其衣服
顏色不同，分白無常與黑無常。除衣服顏色外，白無
常頭戴白高帽，上寫"見吾生財"、"一見生財"，或
"一見有喜"；黑無常則是頭戴黑高帽，上寫"見吾死

白無常

哉"、"你也來也" 或 "天下太平"。黑白無常雖然幹的都是勾魂攝魄的 "惡行",但民間卻認為白無常要比黑無常 "友善" 得多,不僅詼諧有趣,更能帶來財運。

民間傳說白無常喜歡捉弄人。生人見到白無常千萬不要跑,你越跑,他越追,而且怪叫聲聲,把你嚇死為止。見到白無常要大膽點,不僅不要逃,更要跟他玩。你做什麼,他跟著你做什麼。如果你懂行,玩的時候向他擲磚頭或爛泥,白無常就會拿掛在脖子上的金銀元寶向你擲去作 "報復",你扔他也扔。等到身上元寶扔完了,白無常就會因自己無物可扔而跑走,還一面跑一面嘆氣呢;而你,當然就因此而發大財了。白無常之能 "一見發財",正是這緣故。也因此,陰森恐怖的白無常竟也被人當財神來膜拜了。

在澳門,白無常似乎是個頗受人 "歡迎" 的財神,像蓮峰廟、普濟禪院、呂祖仙院、包公廟、蓮溪廟等等許多廟宇都有供奉白無常。不過,不知是否因為其披蔴戴孝的形象不討好人,供奉白無常的地方通常是不為人留意的偏殿或祭壇的角落。

華佗

康真君廟裡的 "華佗殿" 是創廟時就建的，供奉三國時著名的神醫華佗。

當然，華佗最為人熟知的還是他在小說《三國演義》裡的形象。第七十五回中華佗為關羽刮骨療毒，成為千古美談。書中作者借關羽之口讚美華佗為 "神醫"，並有詩云 "治病須分內外科，世間妙藝苦無多。神威罕及惟關將，聖手能醫說華佗"，將華佗與關公並列。不幸的是，這位一代神醫碰上一代奸雄曹操，竟招致殺身之禍。話說曹操殺了關羽後，頭風病發，頭痛不已，謀士就向他推薦華佗，謂 "其醫術之妙，世所罕有"。華佗看過曹操後，開出了個大膽而驚人的療法："某有一法：先飲痲肺（麻沸）湯，然後用利斧砍開腦袋，取出風涎，方可除根。" 天性多疑的曹操當然不肯讓人砍開腦袋，更說華佗是想替關公報仇，借治病之機害其性命，於是令人將華佗收押。幾日之後，華佗就死於獄中。

小說家言固然與正史不合，但亦反映華佗神醫的

華佗像

形象已深入民心，被人們奉為醫生的祖師，有藥聖、醫王之稱。中國民間各地多有供奉華佗的寺廟，更有稱作"華佗會"的神會。

綏靖伯

康真君廟華佗殿側供奉著"敕封宋校尉府綏靖伯陳老官人"的神像。這位綏靖伯歷史上真有其人。而澳門供奉綏靖伯的原因，則與當年一場瘟疫有關。

綏靖伯像

　　綏靖伯原名陳仲真，"生於南宋慶元二年（1196年），德行都人。他年幼聰穎，長隨祖父謨翁、父親文起習文練武，宋理宗四年從軍報國，立有戰功，宋理宗朝任屯田校尉（屯墾部隊的軍官）。南宋後期，時局動盪，盜賊四起。陳仲真曾與兒子希堯、希聖一同領兵，與賊李猛龍屢次戰鬥於北峰山下，賊敗退。景定五年（1264年）正月十六夜，陳仲真大宴部下，準備乘勝進軍，直搗賊巢。不料他的部下有人被賊頭買通，置毒於酒中。仲真父子三人飲了毒酒暴斃，

現時供奉觀音大士的神壇原是供奉綏靖伯的"校尉府"

葬於百峰山五指膁下。後人傳說陳仲真死得忠烈，有
神靈，故建廟奉祀，稱為陳老官。道光年間敕封綏靖
伯。至今，附城水南地區陳姓仍有祭祀紀念之舉。"
可見綏靖伯陳老官人是位地方神祇，因精忠為國，感
動人民而受到後人的供奉。這與澳門望廈城隍廟裡供
奉張之洞像同出一理。

那麼，台山地區的綏靖伯因何被供奉於康真君
廟內呢？這得從 1895 年澳門的一場疗瘡疫症說起。
這次疫症首先於 1894 年在廣州、香港爆發，澳葡政
府為此在《澳門憲報》中多次頒令，預防疫情禍及澳
門，並成立一個以富商何連旺為會長的公會，以協助
有關預防工作；同時訂立 "辟疫章程"，其中第一款
就列明："所有桅船及搖槳各船艘，如係日間駛入澳
埠，抑或下椗，有貨物搭客登岸者，祇准在南灣上魚
馬頭埋岸，若在內河，惟准在康公廟前地，即美基街
前馬頭埋岸。" 由於地處津要，康公廟前地就成了防
疫的 "前哨站"。

然而雖然百般防範，疫情最終還是延及澳門。當
時出版的《鏡海叢報》記錄了這次疫情發展的經過。

其第二年第四十二號（1895 年 5 月 15 日）"時疫匯紀" 謂：＂昨歲之廣東省城，疫死人徒計以千數，延及香港，又以數千，俄而傳至北海。去歲冬間復傳至澳，春夏之交，其勢頗熾，……前禮拜內，澳中各妓寮尚照常安靜，今則奔徙將空，十家九閉其門。新圍一巷，全行遷去。福隆新街僅留四五家。＂可見疫症對社會民生造成重大的影響。

為避疫情，時人除加強衛生預防工作外，更祈求於神靈。《鏡海叢報》第二年第三十二號（1895 年 3 月 6 日）"奉神出巡" 報道云：＂又連日澳中華人紳商，因在醫院集議，奉請華元化、包孝肅、關壯穆各神巡遊街道，藉迓休祥而驅疾癘。＂果然，其第三十三號（1895 年 3 月 13 日）就報道：＂連夜澳中各商戶虔奉關壯穆、包孝肅、華元化、康真君各神牌像，巡遊全澳，自十四晚而止。每夜燈光燦然，明星萬點，皆係各行店備燭助慶，遣伴隨行。＂然而神靈這次似乎未有顯應澳門居民的祈求，疫情還是持續。澳門的鄉親父老見自家的神靈不應驗，唯有向遠處去求了。到第四十號（1895 年 5 月 1 日），《鏡海叢報》

報道説澳門居民 "遠迓靈神":"廣州府屬新寧縣（今台山市）內，有福神焉，曾受敕封為綏靖伯。神本陳姓，符於有功於民則祀之義，一縣奉為香火，水旱疾疫，求禱靈應。粵人之受蔭者多矣。日前鏡湖醫院各紳董肅為迎致，連日巡行街道，期靜惡氛。惟聞神好夜遊，不喜見婦女，且不用燭，須食齋素，不喜嘩噪，以故入夜九打鐘，臨街各窗皆行掩閉，其誠恪之懷，甚可嘉也。" 於是，這位綏靖伯陳老官人就被請到澳門來了，而且似乎頗受市民歡迎。在同月 8 日的報道中，云 "康公廟前，現建大廠一座，供奉陳綏靖伯神像，男女分日而往，祀福祈恩，紛馳於道。" 不知是否澳門居民的虔誠感動了這位忠臣，"連日各商復向華政乞得三夜情，虔奉綏靖伯巡行街道，聞神已兆語，定於二十日澳地平安云。" 果然，半月之後，"澳中連獲大雨，滌洗渠道，淨無塵滓，所有時症，漸慶安平。惟係平昔疫所未到之區，劫數難逃，微為未靖耳。以故澳中紳眾，擬將日前所迎陳綏靖伯及各仙靈，再在澳中巡行三日。" 由此可見，這位陳綏靖伯是此次澳門疫症得以消除的 "有功之神" 了。

　　隨著澳門環境衛生的改善及醫療技術的進步，大規模爆發的疫症幾已絕跡，綏靖伯陳老官人這位神靈亦漸被居民遺忘。今天康公廟內，綏靖伯被供奉在華佗殿的一側，而原來擺放的神龕卻已改奉觀音大士了。然而細心的善信可以看到，那個供奉觀音的神龕底部中間刻著 "校尉府" 三字，見證著澳門一段與疫病鬥爭的歷史。

　　值得一提的是，望廈康真君廟裡有一塊用紅紙寫成的神位，處中間的也是這位陳綏伯；此外，新橋附近的石敢當行台也供奉著一座小型綏靖伯神像。

六祖

　　康真君廟華佗殿右側分別供奉著六祖、觀音大士及桃花公主。

　　六祖就是禪宗第六代傳人惠能，因開創具中國本土特色的禪宗南宗而被奉為六祖，其生平事蹟被弟子編成《六祖壇經》，是中國佛教重要典籍之一。

觀音大士殿

六祖像

觀音大士像

　　惠能與廣東地區關係密切。他出生於南海新州（今廣東新興縣），後到湖北跟弘忍學佛，得傳衣鉢；為避追捕，返回廣東，隱姓埋名十五年。直到唐高宗儀鳳元年（676 年），他到今廣州光孝寺，適逢印宗法師講《涅槃經》，兩個僧人正為風幡是因風動還是幡動而爭議，六祖卻出來說："不是風動，不是幡動，仁者心動。" 聽者駭然。印宗知道他不是等閒之輩，追問來歷。惠能就出示弘忍傳授的衣鉢，隨後正式剃度為僧，公開弘法。後來他北上韶關南華寺，傳經說法垂三十六年，使南華寺成為惠能祖庭，至今尚存六祖 "真身"；因此之故，六祖誕亦稱為南華誕。

　　今天康真君廟內的六祖被供奉於觀音大士左側。據廟祝盧先生介紹，原先六祖居中而觀音居左，但盧先生認為這樣於理不合，接管後乃將兩尊神像位置互換，並自行重寫神壇額名。話說回頭，今天供奉觀音大士的地方最早卻是用來供奉綏靖伯的 "校尉府"。民間宗教信仰隨時因人而變，於此亦可見一斑。

桃花公主

　　華佗殿裡的桃花殿供奉桃花公主。這位桃花公主戎裝打扮，英姿颯爽，不知是哪處神仙。中國民間傳說有位桃花女，可能就是這位桃花公主吧。

　　元代雜劇有《桃花女破法嫁周公》，描述桃花女與算命人周公鬥法的故事。這位周公不是我們熟知的那位周公旦，只是位姓周的老算命人。他卜卦算命已三十年，從未出錯，後來卻多次被桃花女破了卜算。周公心生不忿，於是設計娶桃花女作兒媳，暗中設法加害。可惜桃花女的法術太厲害了，周公始終無法如願。最後真武大帝出場，說周公與桃花女是金童玉女轉世，塵世業緣已滿，應復歸天位。由此可見桃花女就是玉女。其後許多明清小說及戲劇中都有桃花女的形象，而且皆法術高強，這點從《桃花女鬥法奇書》、《桃花女陰陽鬥異傳奇》等小說名稱略知一二。由於桃花女法術高超的形象深入人心，人們將其頂禮供奉便是自然的事。齊天大聖孫悟空便是由小說人物轉變成民間神靈的最佳例子。

桃花公主像

花粉夫人

花粉夫人可能是澳門獨有的一位民間神祇,其他地方未見有相同名稱的神祇崇拜。即使在澳門,供奉花粉夫人的廟宇也不多。除康真君廟外,包公廟內也有供奉她的牌位。關於這位花粉夫人的來歷,筆者尚未找到資料。請教廟祝盧先生,他也不很清楚,想是澳門民間創造出來的一位神靈吧。

事實上,這位花粉夫人在康真君廟內也佔據著特殊的地位。據街坊回憶,20世紀初康真君廟內便有這位花粉夫人神像。盧先生介紹說,它原來是跟白無常一起被供奉在"和合仙殿"下的,至盧先生接任廟祝,才將其移至現在華佗殿門口,與土地公做了"鄰居"。一般廟裡神像前的供品,不外香燭、鮮花、生果、水酒而已,可是康真君廟裡的花粉夫人像側有一樣別的神祇所沒有的供品:化妝品。不僅如此,時常更會有打扮入時的妙齡女子專程來參拜花粉夫人。

老街坊佳叔介紹說,康真君廟最輝煌的日子是20世紀上半葉,一來因為這裡靠近碼頭,商業興旺,許多人都順道進來參拜;二來也因為這裡鄰近福隆新街

花粉夫人像

等當年的紅燈區，那些妓館裡的"花街神女"常常前來康真君廟上香，其中花粉夫人是她們主要參拜的神靈。聯繫前述康公為最得澳門妓女奉祀的神祇來看，也就能理解為什麼這位"夫人"會被冠以"花粉"之名，為什麼神像前會供奉著胭脂水粉化妝品，以及為什麼時至今日仍然有許多艷妝麗人前來參拜了。

花粉夫人應是一位澳門"特產"的娼妓神了。李喬《行業神崇拜》謂，"娼妓業又供奉勾欄土地、教坊大王、煙花使者、脂粉仙娘一組四神。"從這些名字可見，花粉夫人應與上述四神屬同一"系列"。李喬的研究指出中國行業神崇拜的特點是神靈的虛構性、附會性、隨意性及含混性，即不清楚為什麼會奉某某為神，或不清楚所奉之神究竟指誰，反正抱著"拜得神多自有神庇祐"心理，別人拜我也拜，只為"祈福禳災"而已，充分顯示出中國宗教信仰的功利性特點，即"不論何種人物和神祇，只要適合自己的需要，皆在網羅之列"。花粉夫人顯然也是澳門民間隨意虛構出來的一尊女神，我們大可不必深究其底細出處。倒是這類神靈的供奉，從一個側面反映了澳門社會的特殊面貌。

馬大將軍

　　康真君廟入正門左邊圍著一道木欄，欄內是一個武將神像，牽著一匹木馬，後面一塊匾額，上書"馬大將軍"。《澳門創建康真君廟喜捐工金碑記》裡有"曾順乾塑馬軍壹位馬壹疋"及"鋁箱行來喜認福神馬軍案桁"的碑文，可見這個馬大將軍是創廟時就有的。遺憾的是，雖然澳門許多廟宇都有供奉馬大將軍（或稱馬頭將軍），可是其出處來源卻並不清楚，而且往往被放在側殿或旁邊，作副神來崇拜。

馬大將軍像

康真君廟文物

供器、儀仗

康公廟內神供器基本上是所謂的"三具足"，即一對花瓶，一對燭台，一個香爐。按種類為三，稱為"三具足"；按數量為五，稱為"五具足"。民間則稱

康公祭壇神案上的三具足

為"三供"或"五供"。"三具足"原是佛教用來恭敬供養，後來亦被道教以至民間仿效採用，成為最常見的拜祭供器。供器的形狀與大小依據神祇的地位而各有差別，但造型基本相類，材料基本上是銅製。康公廟內的供器多為捐獻，年代有所差異，但大部分是創廟時的咸豐十年（1860年）和光緒二年（1876年）的製品。

康真君廟的眾多供器裡，康真君、洪聖王、侯王三位主神前供案上三具足都是創廟時的文物，其中最矚目的要算康真君像前的一座香爐。這座香爐用黃銅精製，高逾一米，爐頂立著一隻獨角瑞獸，雙眼圓睜，巨口大張，神態威猛。爐身兩側的爐耳則巧妙地以兩條矯健的飛龍構成，騰挪跳躍，形象生動。銅身中間刻著"康真君"三字，下面則是"民國歲次庚午七月穀旦重鑄"，即1930年。

除了這基本的三供，廟中祭器還有多種，如魚龍、搖錢樹、龍柱（生殖神）等等。

康真君廟中的儀仗有許多種，主要分堂上儀仗和堂下儀仗兩類。

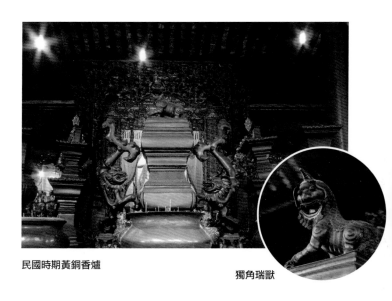

民國時期黃銅香爐

獨角瑞獸

魚龍

龍柱

創廟銅鐘

"康帥府"王屏扇

堂下儀仗主要有銅鐘和木鼓，兩者均用木架懸掛或擱置。銅鐘為"咸豐拾年歲次庚申冬月穀旦立"，高 102 厘米，口徑 79 厘米，上有鐘紐，鑄有"國泰民安、風調雨順"及"康公廟銅鐘一口約重肆伯餘觔安日爐造"等字樣。木鼓為中國傳統形式，高 70 厘米，長 43 厘米，橫置以便於敲擊。

堂上儀仗為創造和烘托嚴謹的祭祀氣氛而設，多為靜物擺設，以其形狀和位置來達到目的。主要有鑄有"康帥府"的王屏扇，還有道教八仙所使用的八種法寶，俗稱"暗八仙"。所謂暗八仙，指的是漢鍾離的寶扇、張果老的漁鼓、曹國舅的陰陽板、鐵拐李的葫

暗八仙法寶

蘆、呂洞賓的寶劍、韓湘子的笛子、藍采和的花籃和何仙姑的荷花。暗八仙的 "暗" 字有兩重意義，一是指沒有直接出現八仙形象（所以，八仙也稱 "明八仙"），二是指八種法寶各有神通，使人逢凶化吉，有暗中保護的意思。康真君廟裡的暗八仙均為青銅鑄品，工藝精湛，反映了道教 "八仙過海，各顯其能" 的傳說，也暗寓道教的法力無邊，無所不能。其兩兩相對分列於禮亭的兩側，甚是威嚴。暗八仙有時用在建築裝飾上，則表示神仙降臨，象徵喜慶吉祥。

綬印、木刻印板等

康真君廟中有一方康真君印，銅質，上刻 "康公真君寶璽" 六個篆體大字，此是康真君身份與權利的象徵。每逢膜拜者求之諸物，可蓋之以印綬，以示天賜神授，可保平安。

此外，廟中還保留著多塊木刻印板，有靈符，如 "玉封道果康真君保安"；有建醮捐金票證，如 "闔澳恭祝康真君廟綏靖伯爺桃花仙女九皇勝會寶誕建醮喜助醮金"。但最值得一提的要算"綏靖伯驅疫"、康真君廟籤和康真君靈籤三套印板了。

"綏靖伯驅疫"印板長 46 厘米，寬 28 厘米，上面六直行楷體刻著：

玉封威服　敕封感應精忠顯祐護國庇民綏靖伯宋校尉府陳　為

嚴行驅疫保安事案拠本境地方諸瘟肆擾　本部堂合行嚴禁自

示之後限爾該瘟疫使無論經擾害之數多少不究惟吾現新承

玉旨加封之際正宜加法嚴行究辦爾等務必恪遵法令毋任延留仍敢肆擾

倘固抗違定必酆都大律切切特示

年　　　月　　　日　　　示

1895 年澳門曾經發生疫病，居民為驅瘟神，遠道請來綏靖伯巡行辟穢，後來疫情果然受到控制（詳見第三章"綏靖伯"一節）。想來這塊印板就是綏靖伯用來驅疫的符咒了。從咒語來看，這位綏靖伯一方面既往不咎，一方面又嚴限瘟疫不得延留，否則就以“酆都大律”懲治，可謂“恩威並重”，怪不得瘟疫要乖乖就範了。

康真君廟籤印板上刻“咸豐庚申敬刊”，即是創廟時所製，距今已有百多年歷史，是廟中珍貴的文物。該套印板現存 17 塊，其中五塊刻有“西山侯王爺靈籤”字樣。每塊印板寬 27 厘米，高 13.2 厘米，採用陽文楷書，按順序分別刻著三張不同籤文，前後兩面相同，即一塊板可印六張籤文了。

另一套康真君靈籤印板上刻“光緒庚寅敬刻”，即 1890 年所刻，其時距創廟剛好三十年。該套印板現存 26 塊，由第一籤至第二十八籤，中缺第二、第十七籤。每塊印板寬 21.5 厘米，高 21 厘米，以陽文楷書，一塊印板為一籤。籤文分十大類，包括家宅、婚姻、自身、占病、求謀、官訟、耕種、山墳、失物和六甲；上為籤詩，下為解釋。像第一籤的“家宅”，籤詩為“欲向江頭栽綠柳，未逢春景不須忙；請君且俟陽和侯，自有佳音報畫堂。”下為“解曰：

以宇為卜，尚未逢時；如栽綠柳，春至為宜。"

這些籤文印板是研究澳門民間信仰與民俗的重要材料。

楹聯、匾額

康真君廟中保存著許多自創廟以來的楹聯、匾額，大都是善信所贈，內容也大都是讚頌神靈的顯赫和廟宇的巍峨。同時，這些楹聯與匾額上常刻有捐獻和書寫者的姓名、商號和年份，成為考證廟宇歷史、建築與神祇的重要佐證。

康真君廟正殿一副寫於民國十五年（1926 年）的木刻對聯頗有意思。聯云："亂世卜僑居，風鶴頻驚，福地有緣安筆硯；衰年沐神貺，雪鴻如寄，書生何力報涓埃。"下款是"沐恩信士東莞馮鏡濂敬譔"。筆者未能查到這位馮鏡濂是何人，從內容來看，應是一位僑居此地的文士。作者自比"風鶴"、"雪鴻"，透露出因生逢亂世而惶恐不安、飄泊流離的無奈，幸

廟內的楹聯、匾額

好有澳門這塊 "福地" 讓已屆衰年的作者棲身。全聯
對仗工整，內容既寓流離的悽苦，又感神恩的浩蕩，
應情應景，是不俗的佳構。

後記

本書原稿完成於 2004 年，後因故沒有出版。本次蒙澳門基金會納入"澳門知識叢書"出版，乃根據近年學界研究成果和新見的掌故記述略作修訂。

本書撰述緣起，係陳澤成先生建議，並獲其一路支持，在此謹致衷心感謝！

由 2003 年起至今的十多年間，本人多次往訪康公廟，均獲廟祝盧樹鏡先生熱情接待，細心講解廟內神祇信仰源流以及神像修復、供奉變遷，使本書內容更翔實可靠。還有當年接受訪問的老街坊詹佳先生，講述康真君廟過往歷史和康公誕盛況，提供寶貴資料。在此謹對上述兩位先生致謝。

經林發欽博士引介，得利冠棉先生慨允授權使用康公廟舊明信片，謹此致謝！

最後，感謝澳門基金會支持本書出版！

黃文輝

2020 年 12 月 30 日

附錄

一、澳門創建康真君廟碑記

　　夫神道設教，聖人重焉，籍是捍災，禦患而庇民也。我朝祀典修明，理陽理陰，政罔不舉，是以神靈效順，不間於山陬海甸之區。觀於我邑澳門，有足信者。澳居香山之南，距城百四十里，一名濠鏡，又名海鏡；左有天后宮，右有蓮峰廟，帶海襟山，華夷雜處，蓋邑南之勝境也。予少時嘗從先大夫遊學於茲，通籍後宦歷京外，遙別故鄉者三十餘年。甲寅秋，復奉文宗詔起之命，航海入都，道出其間，見夫商賈之雲集，民物之蕃庶，殆感倍於前時。予即慮其地之奢靡過甚，不無隱憂也。逾年冬，果迭遭回祿，市肆凌夷，為之惻然者久之。嗣有堪輿謂，宜於澳之中建廟，以乘旺氣，籍靈貺而弭災異者，眾咸以為然。於是紳商士女，咸樂輸捐，鳩工庀材，刻期興建。擇地於新步頭之右，椿土築石，由丁巳迄庚申，凡四載而廟以成。中奉玉封道果康真君，左奉敕封南海廣利洪聖大王，右奉敕封金聖西山侯王。另左建偏殿，專奉漢代良醫華大仙師；右建客廳，以為聚集之所。顏其額"康真君廟"。此固董事者之勤勞，抑亦神明之赫濯也。建廟以來，華夷無爭，安居樂業，梯航穩駕，貨殖豐盈。且向之荒蕪未僻者，今盡奐輪矣；向之崎嶇蹈險者，今皆坦蕩矣。風醇俗美，物阜材豐。《傳》斯謂"民和而神降之福"者，其明證歟！

今上紀元，復徵入覲。予供職春明數載，適乞假南歸，復經澳地。在事者僉以神恩之汪濊，暨當局之善舉，眾信之樂助，囑予為記，以泐貞珉，並書其地段界址於後，以示來茲而垂久遠。予甫卸歸裝，不暇藻飾其詞，謹直書其事之顛末，使蒙休者咸知受福有自來焉，則是舉為不朽矣。是為記。

同治七年戊辰仲夏，京閔秦蜀使者里人曾望顏記。

二、康真君廟楹聯

位置	內容	年份	送贈者	撰寫者	備註
正門	北闕恩褒金鉞靈光勢與蓮峰鼎峙 南天威鎮玉清道果澤同鏡海綿長				石刻 灰底紅字 楷書
正門	元功昭玉冊 妙道證瑤天				石刻凸字 灰底紅字 行書
正門	畫棟雕樑廟貌巍峩臨鏡海 瑤章寶籙神功浩蕩鎮蓮峰	咸豐十年歲次庚申仲冬吉旦	沐恩福建眾信士敬奉		木刻 紅底黑字 楷書
山門	真果證瑤天利物濟人功行滿三千八百 元勳昭玉冊彰善癉惡英威徧六合九垓	民國十年歲次辛酉吉立	建醮演戲值事（名略）敬送		木刻 紅底金字 楷書
山門	仰道岸之誕登萬古聲靈並耀 瞻璇宮之式煥千秋俎豆常新		沐恩信士關前街眾舖戶敬奉		木刻 紅底金字 行書
山門	道著精純宜君宜王並見恩光流海溢 聲名昭赫濯允文允武咸欣德澤洽人心				石刻 灰底綠字 楷書
香亭	妙道著英靈兩地參天允作中原砥柱 至誠通悃愫梯山航海常存一瓣心香	咸豐十年歲次庚申仲冬吉旦	沐恩信士張兆年、鍾玉縈、趙大鵬、趙嶽鵬仝敬送		木刻 紅底金字 隸書

位置	內容	年份	送贈者	撰寫者	備註
香亭	延祥錫福永資神力鎮濠江 濟困扶危遠荷慈恩推庾嶺	中華民國十一年孟春穀旦	凌江信士汪琢崑、李肇文敬獻		木刻 紅底綠字 行書
香亭	電鼓雲旗赫濯聲靈周法界 金符玉冊巍峨功德煥神霄	咸豐庚申孟冬吉旦	弟子李集明、鄭允祥敬送	鄭廷培敬書	木刻 紅底綠字 楷書
正殿	德澤共覃敷果滿功成南海西山崇享祀 威名同遠振調元贊化群黎百姓荷陶甄				石刻 灰底紅字 楷書
正殿	亂世卜僑居風鶴頻驚地有緣安筆硯 衰年沐神貺雪鴻如寄書生何力報涓埃	民國十五年丙寅季秋穀旦		沐恩信士東莞馮鏡濂敬譔	木刻 黑底金字 楷書
正殿	惠雨被群生豈獨官衙曾活鳥 英風昭萬古依然神廟想揚鷹	咸豐歲次庚申仲冬吉旦立	沐恩信士王元禧、吳允機、謝大成、何作培敬奉		木刻 紅底綠字 楷書
正殿	曰君曰聖曰侯崇正位於一堂恩流鏡海 為士為商為賈仰英靈於千載威振蓮峯	咸豐十年歲次庚申仲冬吉旦	沐恩信士伍鈺榮偕男滋成、滋鸞敬送		木刻 紅底綠字 行書
正殿	德澤廣帡幪利濟恩波赫濯聲靈徹海島 功勳垂典冊覃施胞與昭明祀事格塵寰	咸豐拾年歲次庚申仲冬吉旦	沐恩信士梁宏籍、沈伯元、葉雄光、林騰光全敬送	南海關俊英敬書	木刻 紅底黃字 楷書

位置	內容	年份	送贈者	撰寫者	備註
正殿	拓地構仙宮喜輪奐落成敷美利於光天化日 躋堂瞻道貌願威靈丕著沛恩波於航海梯山	咸豐十年歲次庚申仲冬吉旦	沐恩廣雲帮仝立	南海關景泰敬書	木刻紅底黑字楷書
正殿	天然鏡海顯三尊萬古英靈昭外國 地接蓮峰開一洞千秋威武鎮中原	咸豐歲次庚申孟夏穀旦	沐恩弟子楊承光敬送		木刻黑底紅字行書
華佗殿門口	紅雲不散燒丹竈 白鹿時藏種玉田	咸豐十一年孟春吉日立	沐恩弟子蔡明利號敬奉		木刻紅底黑字行書

三、康真君廟匾額

位置	內容	年份	送贈者	撰寫者	備註
山門	萬民是保	民國十年歲次辛酉吉立	建醮演戲值事敬送	張乙奎敬書	紅底金字行書
正門內	元功丕著	咸豐十年歲次庚申仲冬穀旦	沐恩洋貨行（名略）敬奉	鄭廷培敬書	紅底黑字楷書
山門後	聖蔭同人	咸豐十年孟冬吉旦	沐恩弟子仁順堂茶行西家（名略）仝敬奉酧		黑底紅字楷書
香亭	永藉康扶	光緒二年歲次丙子仲秋吉旦	沐恩建醮值事（名略）敬酧		紅底黑字行書
香亭	道洽南邦	同治九年歲次庚午仲春穀旦立	奠土值事（名略）敬酧		紅底金字楷書
香亭	陶成有耀	咸豐歲次庚申仲冬吉旦	沐恩鉛錫行東西家（名略）仝敬奉		紅底金字楷書

位置	內容	年份	送贈者	撰寫者	備註
香亭	威鎮南天	咸豐十年歲次庚申仲冬穀旦	沐恩眾信綢緞行敬奉	南海李貽光敬書	紅底黑字楷書
香亭	涵藏瑞氣	咸豐十年歲次庚申仲冬吉旦立	沐恩箱行東西家（名略）店仝敬		紅底黑字楷書
香亭	露湛芝蘭	咸豐歲次庚申仲冬吉旦	沐恩同義堂荼行敬送	岡州梁（？）敬書	金底黑字行書
香亭	德如山重	民國辛未年孟秋吉旦	沐恩建醮演戲值事（名略）眾信仝等敬酧		黑底金字楷書
正殿	同耀南天	咸豐十年歲次庚申仲冬吉旦	沐恩上架行眾信仝敬奉		紅底金字楷書
正殿	遍藉帡幪	咸豐拾年歲次庚申仲冬吉旦	沐恩建廟值事（名略）仝敬奉		紅底金字楷書
洪聖殿	道滲南天	咸豐歲次庚申仲冬吉旦	沐恩石閘門街眾信敬奉		紅底金字隸書
侯王殿	橃蔭滄洲	咸豐拾年歲次庚申仲冬穀旦	沐恩山貨蓆包行眾信（名略）仝敬奉		紅底金字隸書
左側廊	澤及萬眾	民國廿一年歲次壬申孟夏吉旦	沐恩下環合坊眾信士女人等敬送		黑底金字行書
馬大將軍	馬大將軍	癸酉年孟冬上澣穀旦			紅底金字楷書

參考書目

1. 王文達：《澳門掌故》，澳門：澳門教育出版社，1999 年。

2. 劉芳輯、章文欽校：《葡萄牙東波塔檔案館藏清代澳門中文檔案彙編》，澳門：澳門基金會，1999 年。

3. 譚世寶：《金石銘刻的澳門史——明清澳門廟宇碑刻鐘銘集錄研究》，廣州：廣東人民出版社，2006 年。

4. 湯開建、吳志良主編：《澳門憲報中文資料輯錄（1850—1911）》，澳門：澳門基金會，2002 年。

5. 胡紀倫（César Guillén Nuñez）著，方無隅譯：《澳門街》，香港：牛津大學出版社，1999 年。

6. 唐思：《澳門風物志》，北京：中國友誼出版公司，1998 年。

7. 唐思：《澳門風物志（續篇）》，北京：中國文聯出版社，1999 年。

8. 呂宗力、欒保群：《中國民間諸神》，石家莊：河北教育出版社，2001 年。

9. 韓伯泉、陳三株：《廣東地方神祇》，香港：中華書局，1992 年。

10. 馬書田：《中國道教諸神》，北京：團結出版社，2002 年第三版。

11. 馬書田：《中國冥界諸神》，台北：國家出版社，2001 年。

12. 馬書田：《中國佛菩薩羅漢大典》，北京：華文出版社，2003 年。

13. 潘恩編著，潘兆耀繪圖：《全像民間信仰諸神譜》，成都：巴蜀書社，2001 年。

14. 葉春生：《嶺南民間文化》，廣州：廣東高等教育出版社，2000 年。

15. 葉春生：《廣府民俗》，廣州：廣東人民出版社，2000 年。

16. 呂微：《隱喻世界的來訪者──中國民間財神信仰》，北京：學苑出版社，2001 年。

17. 鄭守治：《華光大帝信仰源流考》，載中山大學民俗研究中心主辦：《民俗學刊》（第四輯），澳門：澳門出版社，2003 年 6 月。

18. 殷偉、殷斐然：《中國民間俗神》，昆明：雲南人民出版社，2003 年。

19. 陳瑞璋編著：《認識中國傳統節日和風俗》，香港：萬里書店，2001 年。

20. 李喬：《行業神崇拜 —— 中國民眾造神運動研究》，北京：中國文聯出版社，2000 年。

21. 黃仁夫：《台山古今五百年》，澳門：澳門出版社，2000 年。

22. 烏丙安：《中國民間信仰》，上海：上海人民出版社，1996 年。

23. 白化文：《漢化佛教法器服飾略說》，北京：商務印書館，1998 年。

24. 賴永海主編：《中國佛教百科全書》（儀軌卷），上海：上海古籍出版社，2001 年。

25. 山曼：《八仙：傳說與信仰》，北京：學苑出版社，2003 年。

圖片出處

P.26 二十世紀初康公廟外貌的明信片：利冠棉
先生私人收藏

其餘圖片均由本書作者提供